Das Protevangelium Jacobi ist eine frühchristliche Darstellung des Marienlebens, die vermutlich in der zweiten Hälfte des 2. Jahrhundert n. Chr. entstanden ist. Sie kann nicht viel später geschrieben sein, da Clemens von Alexandrien (gest. 215 n. Chr.) und Origenes (gest. 253/254 n. Chr.) sie bereits kannten. Der Name leitet sich von dem griechischen πρῶτος (das Erste) ab und könnte mit „Anfangsevangelium" übersetzt werden. Der Titel ist von dem französischen Humanisten Guillaume Postel (1510-1581) geprägt worden.. Der ursprüngliche Titel lautet: *ΓΕΝΕΣΙΣ ΜΑΡΙΑΣ, ΑΠΟΚΑΛΨΙΣ ΙΑΚΩΒΙ* - Ursprung Marias, Offenbarung des Jakobus.

Der Verfasser ist unbekannt, vermutlich war er ein heidenchristlicher Autor, und möglicher Weise wurde das Evangelium auf Griechisch in Ägypten und nicht in Palästina geschrieben, da der Verfaser die jüdischen Gepflogenheiten und Vorschriften nur mangelhaft kennt. Die älteste Handschrift ist der Papyrus Bodmer 5[1] aus dem 3. oder 4. Jahrhundert n.Chr. Das Protevangelium wurde in viele Sprachen übersetzt, ins Syrische, Georgische,

---

[1] Bibliotheca Bodmeriana in Cologny bei Genf

Armenische, Lateinische, Slawische und Koptische. Das Evangelium war in der gesammten Kirche sehr beliebt, wurde aber nicht in den Kanon der biblischen Schriften übernommen. In der Westkirche wurde es offiziell verboten, in der Ostkirche wurde es sogar in die Liturgie aufgenommen.

Das Evangelium beschäftigt sich in Zweidrittel des Werkes mit dem Leben der Maria und ihrer Familie und im letzten Drittel mit der Geburt Jesu. Es endet mit dem Kindermord in Bethlehem auf Befehl des Königs Herodes. In einem Nachtrag wird von der Verfolgung Johannes des Täufers und der Ermordung seines Vaters Zacharias berichtet.

Ein besonders Merkmal ist die Aufwertung der Familien. Die Eltern von Maria, Joachim und Anna, sind wohlhabende Juden, und Joseph ist ein Art Bauunternehmer, der auch weiter entfernte Bauunternehmen zu realisieren hat.

Inhaltsangabe

Nach langen Jahren der Kinderlosigkeit wird Joachim und Anna ein Mädchen geboren, das den Namen „Maria" erhält. Mit drei Jahren wird Maria in den Tempel gebracht und verlebt dort ihre Kindheit. Zur Jungfrau herangewachsen, muß sie den Tempel verlassen und wird von Josef, einem älteren Bauunternehmer[2] mit erwachsenen Söhnen in sein Haus aufgenommen. Maria wird von Gott auserwählt, einen Vorhang für den Tempel anzufertigen. Gleichzeitig wird sie schwanger, obgleich sie mit Joseph weder verlobt noch verheiratet ist. Joseph will sie heimlich verlassen. Ein Engel erscheint ihm und verkündet, daß Maria einen Sohn gebären wird, den sie von Gott empfangen hat und der ausersehen sei, die Welt zu erlösen. Joseph behält Maria bei sich. Kaiser Augustus befiehlt eine Volkszählung, und Joseph muß mit seiner Familie nach Bethlehem ziehen. Vor der Stadt gebiert Maria in einer Felsengrotte ihren Sohn Jesus. Magier aus dem Osten kommen, geleitet von einem neuen Stern, um den neugeborenen König der Juden zu huldigen. Sie kehren heim, ohne König Herodes den Namen und den Aufenthalt des Knaben zu nennen, wie er befohlen hatte. Herodes läßt daraufhin alle Knaben unter zwei Jahren in Bethlehem töten. Maria vebirgt ihren Sohn in einer Krippe und rettet so sein Leben.

---

[2] Auf vielen Gemälden wird Josef als alter Mann dargestellt, z.B. Guido Reni. Joseph mit dem Christuskind, um 1635

Die Anbetung der Hirten und die Flucht nach Ägypten fehlen in dieser Legende

Beschreibung eines Vorhanges in der Stiftshütte und im Tempel

Die Bundeslade mit den Tafeln, auf denen die zehn Gebote aufgezeichnet waren, führten die Juden auf ihrem Weg in das Gelobte Land mit sich. Sie wurde bei jedem Rast in einem besonderen Zelt, der Stiftshütte, aufgestellt und hinter einem Vorhang verborgen.

καὶ ποιήσεις καταπέτασμα ἐξ ὑακίνθου καὶ πορφύρας καὶ κοκκίνου κεκλωσμένου καὶ βύσσου νενησμένης.

Du sollst einen Vorhang machen aus hyatinth-, scharlach- und purpurfarbigem Garn
und gewirkter Leinwand[3].

Der erste Tempel wurde 972-932 v.Chr. von König Salamo errichtet. Dieser Tempel wie auch die Stadt Jerusalem wurden 587 v.Chr. von den Babyloniern restlos zerstört. Über dieses Bauwerk und die Innenausstattung liegen Beschreibungen im Alten Testament im 1. Buch der Könige[4]

---

[3] Septuaginta. Exodus 26,31
[4] 1, Kön. 8-9

und im 2. Buch der Chronik[5] vor. Der Vorhang vor dem Allerheiligsten wird nur in der Chronik beschrieben:

καὶ ἐποίησεν τὸ καταπέτασμα ἐξ ὑακίνθου καὶ πορφύρας καὶ κοκκίνου καὶ βύσσου καὶ ὕφανεν ἐν αὐτῷ χερουβίν.

Er machte auch einen Vorhang von blauem und roten Purpur, von Scharlach und
köstlichem weißen Leinwerk und machte Cherubim darauf[6]

An beiden Stellen im AltenTestament wird das Aussehen des Vorhanges nicht genau beschrieben. Ein Cherubin war darauf dargestellt. Eingewebt oder aufgestickt? Auch kann den kurzen Nachrichten nicht entnommen werden, ob es sich um denselben Vorhang in der Stiftshütte und in dem salomonischen Tempel handelt.

Nach der Rückkehr der Juden aus der Babylonischen Gefangenschft wurde 520-515 v. Chr. von Josua und Serubbabel in Übereinstimmung mit den Propheten Haggai und Sacharja der zweite Tempel gebaut[7]. Die Bundeslade war verschwunden. Obgleich der Perserkönig Kyros, der nach der Eroberung Babylons den Juden die Heimkehr nach

---

[5] 2. Chron. 3-4
[6] Septuaginta. Paralipomenon II,3,14 (2.Chron. 3,14)
[7] Esra 5,1-2; 5,8 und 6,4. Hag. 1,14-15

Palästina gestattete, ihnen die Kultgeräte aus Gold und Silber zurückgab, die nach der Plünderung des Tempels durch die Babylonier übriggeblieben waren, war die Innenausstattung recht einfach.

Eine Erweiterung der Tempelanlage und eine prächtige Innenausstattung wurden dann von Herodes d. Gr. in den Jahren 20-9 v.Chr. vorgenommen. Flavius Josephus konnte diesen Tempel noch bewundern, bevor er nach der Eroberung Jerusalems durch die Römer unter dem Befehl des Titus geplündert und vollkommen zerstört wurde[8]. Josephus war als Jude und Pharisäer der Eintritt in den Tempel gestattet. Im Tempel waren vor dem Allerheiligen und vor dem Allerheiligsten Vorhänge angebracht Von der Vorhalle führte eine mit Gold reichverzierte Tür in das Allerheilige. Vor dieser Tür hing dieser prächtiger Vorhang.

> πρὸ δὲ τούτων ἰσόμηκες καταπέτασμα πέπλος ἦν
> Βαβυλώνιος ποικιλτὸς ἐξ ὑακινθου καὶ βύσσου κόκκου
> τε καὶ πορφύρας, θαυμαστῶς μὲν εἰργασμένος, οὐκ
> ἀθεώρητον δὲ τῇ ςὕλης τὴν κρᾶσιν ἔχων, ἀλλ# ὥσπερ
> ἐικόνα τ˜ν ὅλων. ἐδόκει γὰρ αἰνίττεσθαι τῇ κόκκω μὲν
> τὸ πῦρ, τῇ βύσσω δὲ τὴν γῆν, τῆν δ# ὑακίνθω τὸν
> ἀέρα, καὶ τῇ πορφύρα τὴν θάλασσαν, τῶν μὲν ἐκ τῆς
> χροίασ ὁμοιουμένων, τῆς δὲ βύσσου καὶ τῆς πορηύρας
> διὰ τὴν γένεσιν, ἐπειδὴ τὴν μὲν ἀ·αδίδωσιν ἡ γῆ, τὴν

---

[8] Ios. bell. Jud. V,184-247

δ# ἡ θάλασσα. κατεγέγραπτο δ# ὁ πέπλος ἅπασαν τὴν
οὐράνιον θεωρίαν πλὴν ζωδίων.

Vor diesen Torflügeln hing ein gleich langer
Vorhang, ein babylonisches Gewebe,
buntgewirkt aus Hyazinth, Byssus, Scharlach und
Purpur, bewundernswert gear-
beitet[9] Die Zusammenstellung des Materials war
nicht ohne Überlegung getroffen, denn denn sie
war ein Abbild des Weltalls. Denn, versteckt
angedeutet, wird aufgezeigt mit dem Scharlachrot
das Feuer, mit dem Byssus die Erde, mit dem
Hyazinth die Luft und mit dem Purpur das Meer,
zwei der Stoffe durch ihre Farbe, Byssus und
Purpur durch ihre Herkunft, denn jenen liefert die
Erde, dieser stammt aus dem Meer. Auf dem
Vorhang war das ganze sichtbare Himmelsgewölbe
beschrieben   mit Ausnahme der Bilder des
Tierkreises[10]

Eine ausführlich Beschreibung des Vorhanges, der vor dem

Allerheiligsten angebracht war, wird von Josephus nicht

gegeben. Jacubus hätte sich über die Beschreibungen eines

Vorhanges sowohl im Alten Testament, das ihm in der

---

[9] Bei einem babylonischen Gewebe sind bunte Muster eingewebt und
nicht aufgestickt Plin. nat. 8,196: colores diversos picturae intexere
Babylon maxime celebravit et nomen inposuit – Das Einweben bunter
Muster machte am meisten Babylon berühmt, das diesen Stoffen auch
seinen Namen gab.

Septuaginta[10] in Griechisch zugänglich war, wie auch bei Josephus, dessen Schriften weit verbreitet waren, unterrichten können. Er schildert im Protevangelium eine Episode im Leben der Maria, in der sie auserwählt wird, einen Vorhang für den Tempel herzustellen:

> ἐγένετο δὲ συμβούλιον τῶν ἱερέων λεγόντων: ποιήσωμεν καταπέτασμα τῶ ναῶ κυρίου. καὶ εἶπεν ὁ ἱερεύς: καλέσατε μοι ὧδε ἑπτα παρθένους ἀμιάντους ἐκ πυλῆς Δαυίδ. καὶ ἀπῆλθον οἱ ὑπηρέται καὶ εὕρησαν ἑπτά καὶ ἐμνήσθη ὁ ἱερεύς, ὅτι Μαρία ἐκ φυλῆς Δαυίδ ἐστι καὶ ἀμίαντος ἐστιν. καὶ ἀπῆλθαν οἱ ὑπηρέται καὶ ἤγαρον αὐτήν. καὶ εἰσήγαγεν αὐτὰς ὁ ἱερεὺς ἐν τῶ ναῶ κυρίον καὶ εἶπεν: λάχετέ μοι ὧδε, τίς νήσει τὸ χρυσίον καὶ τὸ ἀμίαντον καὶ τὸ βύσσινον καὶ τὸ σηρικοῦν καὶ τὸ ὑακινθον καὶ τὸ κόκκινον κὰι τὴν ἀληθινὴν πορφύραν.... Μαριὰμ δὲ λαβοῦσα τὸ κόκκινον ἐκλωσεν.

Es fand eine Versammlung der Priester statt, und sie sagten: „Laßt uns einen Vorhang für den Tempel des Herrn anfertigen!" Und der Hohepriester sagte: „Ruft
mir also sieben reine Jungfrauen aus dem Stamme Davids herbei!" Die Diener gingen davon und fanden sieben [Jungfrauen]. Der Hohe Priester erinnerete sich, daß
Maria aus dem Stamme Davids und rein sei. Die Diener gingen davon und holten

---

[10] Die Juden in Alexandria sprachen und schrieben Griechisch. Das Alte Testament war ins Griechische übersetzt worden, .nach der Überlieferung von 70 Gelehrten in 70 Tagen, deshalb auch der Name „Speptuaginta – Siebzig"

sie. Und der Hohe Priester führte sie in den Tempel
des Herrn und sagte: „Laßt

mich also das Los werfen, wer das Gold, den
Amiant, das Leinen, die Seide, das

Hyazinthblau, den Scharlach und den echten
Purpur verweben soll!" Das Los für

den Scharlach und den echten Purpur fiel auf
Maria, und sie nahm ihn und ging in

ihr Haus... Maria nahm den Scharlach und spann
ihn[11].

Die Materialien

τὸ χρυσίον – Gold.

In der ganzen Antike galt Gold als das kostbarste und
seltenste Metall. Gold wird bergmännisch als Berggold oder
als Seifengold gewonnen. Dieses Gold enthält immer auch
Silber In der Antike wurde eine Legierung von 4/5 Gold und
1/5 Silber mit der Bezeichnung „ἤλεκτρον – Elektron"[12] für
Schmuckstücke und Gefäße gebraucht, weil reines Gold
dafür zu weich war. Eine Gold-Silbertrennung ist mit
Kochsalz möglich[13]. Reines Gold wird von Luft und den

---

[11] Protevangelium 10,1
[12] Plin. nat.. 33,22
[13] Stücke einer Gold-Silberlegierung werden mit Kochsalz in einem
verschlossenen Tiegel erhitzt. Kochsalz bildet mit Dilber bei hoher
Temperatur Silberchlorid, das sich oberhalb von 1000° C ohne

damals bekannten Reagenzien wie Essigsäure, Soda, Natron, Kochsalz und Alaun nicht angegriffen. Lösungsmittel sind nur starke Oxidationsmittel wie Königswasser und Komplexbildner wie Kaliumcyanidlösung, die in der Antike unbekannt waren[14]. Reines Gold ist äußerst duktil. Man kann es zu blaugrün durchscheinenden Blättchen von nur 0,0001 mm Dicke ($\sim^1/_{10}$ der Wellenlänge von rotem Licht) ausschlagen. Plinius gibt an:

> Nec aliud laxius dilatatur aut nmerosius dividitur, utpote cuius unciae in septingenas
>
> quinquagenas pluresque bratteas quaternum utroque digitorum spargantur.

Ferner läßt sich kein anderes Metall weiter ausdehnen oder vielfacher zerteilen, wie

denn eine Unze davon 750 und mehr an Länge und Breite vier Finger große Blättchen ergibt[15].

Zersetzung verflüchtigt. Reines Gold bleibt ohne Verluste zurück. Das Verfahren wurde schon um 500 v.Chr. in Ägypten angewandt. (Agath. Erythr. 28 – Diod. 3,14,3. Strab. 3,28)

[14] Königswasser wird zuerst in der mittelalterlichen Handschrift „De inventione veritatis" als „aqua regis" beschrieben. Die Herstellung von Blausäure war Scheele 1723 gelungen, ohne die genaue chemische Zusammensetzung zu erkennen. Die exakte chemische Struktur der Cyanidverbindungen wurde erst 1828 von Wöhler aufgeklärt.

[15] Plin. nat.33,61: 1 Unze = 27,288 g;. 1 Fingerbreite = 1,85 cm. 4 Finger = 7,40 cm. 1 Blättchen = 54,76 cm^2. 750 Blättchen = 41 070 cm^2 = 4,107 m^2. Dicke eines Blättchens $\sim$0,000034 cm

Gold läßt sich zu hauchdünnen Fäden ausziehen. Aus 1 g Gold kann ein 3 km langer Goldfaden gezogen werden Diese Goldfäden können mit Leinen- Woll- und Seidengarn verwebt werden. Agrippina, die Frau des Kaisers Claudius, soll bei einem Schauspiel einer Seeschlacht einen Mantel aus puren Goldfäden getragen haben[16]. Die Goldwirkerei soll von Attalos III. Philometor von Pergamon (138-133 v.Chr.), bekannt durch seine prunkvolle und aufwendige Hofhaltung, nach Griechenland und Rom eingeführt worden sein[17]. Es ist aus den Quellen nicht ersichtlich, ob die Fabrikation golddurchwirkter Stoffe in Europa heimisch geworden ist, oder ob diese Stoffe immer in Vorderasien fabriziert und nach Europa eingeführt wurden[18]. Für Stickereien wird ein Goldfaden auf das Muster auf dem Gewebe gelegt und mit feinem Leinen- oder Seidenfaden festgehalten

τὸ ἀμίαντον - Amiant.

---

[16] Plin. nat. 33,63
[17] Plin. nat. 8,196
[18] Hugo Blümner. Technologie und Terminologie der Gewerbe und Künste bei Griechen und Römern. Bd. I. S.168. Hildesheim 1969

Amiant ist eine besondere Art der Asbestfaser. *ἄσβεστος* - Asbest, die Faser der Hornblende, war in der Antike wohlbekannt und wegen ihrer Feuerbeständigkeit sehr geschätzt. .Die Faser ist 5 bis 10 cm lang, durchscheinend, seidenglänzend, fühlt sich fettig an und hat eine weißliche oder lauchgrüne Farbe. Sie läßt sich mit Flachs verspinnen und auch leicht verweben. Man machte daraus Dochte, Handtücher, Servietten, Kopftücher und Leichentücher. Um reines Asbestgewebe zu erhalten, brannte man die Flachsfaser anschließend heraus. Plinius hält Asbest für eine Pflanzenfaser:

Inventum iam est etiam quod ignibus non absumeretur. Vivum id vocant , ardentesque

in focis conviviorum ex eo vidimus mappas sordibus exustis splendescentes igni magis

quam possent aquis. Regum inde funebres tunicae corporis falliam ab reliquo separant

cinere

Man hat sogar einen Lein entdeckt, der vom Feuer nicht verzehrt wird. Man nennt ihn

„lebendigen Lein", und wir sahen daraus gefertigte Tafeltücher auf dem Herd brennen,

die, nachdem der Schmutz ausgebrannt war, durch das Feuer sauberer wurden, als es

durch Wasser hätte geschehen können. [Man fertigt daraus] Totenkleider für Könige, um die Asche ihres Körpers von der übrigen Asche zu trennen[19]

Die Fasern des Amiant sind außerordentlich zart, haben einen seidenartigen Schimmer und sind so biegsam, daß sie der schönsten weißen Seide gleichen. Dioskurides sagt, daß Amiantgewebe im Feuer nicht verbrennt, sondern glänzender daraus hervorgeht[20]. Plinius sagt, daß der Amiant nichts durch Feuer verliert, gibt aber sonst keine Beschreibung dieser Faser. Daß diese Faser eine besondere Art des Asbest ist, geht aus der kurzen Bemerkung nicht hervor[21]

βύσσος – Byssus.

Byssus war auch eine Bezeichnung für λίνον – feine Leinwand, die für kostbare Textilien verwendet wurde. So schreibt der Evangelist Lukas:

> Ἄνϑροπος δέ τψς ἦν πλόυσιος , καὶ ἐνεδιδύσκε το προφύραν καὶ βύσσον εὐφραινόμενος καϑ' ἡμέραν λαμπρῶς
> Es war aber ein reicher Mann, der kleidete sich mit Purpur und köstlicher Leinwand

---

[19] Plin. nat. 19,19
[20] Diosk. mat. med. V,155
[21] Plin. nat. 36,169

und lebte alle Tage herrlich und in Freuden[22]

Nach der Beschreibung des Flavius Josephus war der Vorhang eine feine Leinwand, nämlich Byssus[23]. Ein besonders geschätztes Leinentuch war das sehr teure Byssinum, ein Batist aus Elis:

> Proximus byssino, mulierum maxime deliciis circa Elim in Achaia genito; quaternis denariis scripula (1,137 g) eius permutata quondam ut auri reperio. Dann folgt der feine Batist, der von den Frauen am meisten geschätzt wird und rings um Elis in [der Provinz] Achaia hergestellt wird. Wie ich finde, wurden eins für einen scrupulus wir für Gold vier Denare bezahlt[24].

Über die Gewinnung von Leinenfasern aus Flachs und die Weiterverarbeitung zum Tuch gibt Plinius eine ausführliche Beschreibung[25] Die Verarbeitung der Fasern wie Spinnen und Weben wird auch auf vielen antiken Tongefäßen und Wandmalereien dokumentiert.

Byssus war aber auch die Bezeichnung von Haftfasern festsitzender Meeresmuscheln, besonders der im Mittelmeer

---

[22] Lk. 16,19
[23] S. Anmerkung 10
[24] Plin. nat. 19,20
[25] Plin. nat. 19,16-18

verbreiteten Pinna nobilis. Die 3-8 cm langen, goldmetallisch glänzenden Fäden, auch „Muschelseide" genannt, wurden zu teuren Handschuhen, Umschlagtüchern, Schals und Strümpfen verarbeitet. Muschelseide war äußerst empfindlich und daher für größre Textilien wie Kleidung, Tischtücher und Vorhänge ungeeignet.

σηρικόν - Seide oder seidenes Gewand.
Seide wurde aus dem Kokon der Seidenraupe (Bombyx mori) hergestellt. Seidenraupen wurden in Asien, hauptsächlich in China gezüchtet. Die Seidenstoffe und Seidengarne wurden in der Antike aus Asien auf der Seidenstraße, die von China bis zum Mittelmeer verlief, nach Europa gebracht. Seidengarne wurden mit Leinen und Wolle verwebt und für Stickereien gebraucht Die Züchtung der Seidenraupen und die Gewinnung aus dem Kokon waren ein streng gehütetes Geheimnis der Ursprungsländer .Zwar berichtet schon Pausanias im 2, Jahrhundert über die Seidenraupenzucht[26], aber erst die heimliche Ausfuhr lebender Seidenraupen im Jahre 551 n.Chr. nach Byzanz durch zwei Mönche ermöglichte die Seidenproduktion in

---

[26] Paus. 6,26.

den Mittelmeerländern[27]. Seidengewänder waren bei den Damen der römischen Oberschicht sehr beliebt, aber auch erfolgreiche Kokotten konnten sich Seidengewänder leisten.

ὑάκινθος - Hyazinth.

Über die Entstehung des Hyazinth gibt es zwei Mythen:

1. Hyakinthos, der Sohn des Amyklas und Liebling des Apollos, wird beim Diskuswerfen getötet. Der eifersüchtige Zephyros (Westwind) wirft ihm einen Diskus an den Kopf. Aus seinem Blut läßt Apollo eine blutrote Blume, die Hyazinthe, entstehen[28].

2. Aiax, der Sohn des Telemon und Kämpfer vor Troja, tötet sich selbst, weil die Waffen des Achilleus nicht ihm, sondern Odysseus zugesprochen werden. Aus seinem Blut wächst eine purpurfarbene Blume, deren Adern so laufen, daß man die Gestalt der Anfangsbuchstaben AI seines Namens als Inschrift darauf lesen kann[29].Dioskurides gibt eine genaue Beschreibung dieser Blume:

> ὑάκινθος· φύλλα ἔχει ὅμοια βολβῷ, καυλὸν σπιθαμιαῖον
> λεῖον, λεπτότερον μικροῦ δακτύλου, χλωρόν, κόμην

---

[27] Prok. Got. 4,17
[28] Plin. nat. 21,66. Ov. Met. X,210
[29] Plin. nat. 21,66

*ἐπικειμένην κυρτήν, ἄνθους πλήρη πορφυροειδοῦς, ῥίζαν
καὶ αὐτήν ἐμφερῆ βολβῷ*
Der Hyakinthos hat denen der Zwiebel ähnliche
Blätter, einen spannenlangen, glat-
ten, grünen Stengel, der schmaler als der kleine
Finger ist, daran sitzend eine ge-
krümmte Spitze, voll von purpurfarbigen Blüten.
Auch die Wurzel selbst gleicht
einer Zwiebel[30].

Diese Hyazinthe war tiefrot. Diese blutrote antike Hyazinthe
war nicht mit der heutigen Hyazinthe identisch Die heutige
Hyazinthe (Hyacinthus orientalis) stammt aus dem Orient,
wurde in der zweiten Hälfte des 16. Jahrhunderts von den
Türken von Aleppo nach Bagdad und von dort nach Byzanz
gebracht. Die Blume verbreitet sich sehr bald in Europe und
wurde bereits im 17. Jahrhundert in Holland auf großen
Freiflächen gezüchtet. Die ursprüngliche blaue Farbe konnte
durch Züchtung in Weiß und Rosa, auch in Gelb und Orange
verändert werden. Wegen ihrer Farbe und wegen ihres
Wohlgeruches ist sie heute eine begehrte Frühjahrspflanze.
Die antike Hyazinthe war eine Gladiole (Gladiolus
communis), auf die die Beschreibung von Dioskurides paßt:
Zwiebelartiges Rhizom, aufrechter und schwacher Stengel,

---

[30] Diosk. mat. med. IV,62

schwertförmige und genervte Blätter, etwas unregelmäßige Blüten, welche am Stengel traubig angeordnet sind. Diese Gladiole wird bei Theophrast[31] als eine purpurfarbene Blume beschrieben und „blutrote Hyazinthe" genannt. Ursprünglich nur tiefrot gefärbt, werden Gladiolen heute auch in Weiß, Gelb, Tiefblau und Rosa angeboten.

Die Bezeichnung „Hyazinth" umfaßte auch andere blaue Blumen wie Schwertlilie (Iris) und Rittersporn (Delphinium). So nennt Columella eine blaue Blume „himmlisch leuchtende Hyazinthe" (Caelestis luminis hyacinthus), damit dürfte der blaue Gartenrittersporn (Delphinium aiacis) oder der leuchtend blaue Feldrittersporn (Delphinum consolida) gemeint sein. Letzterer war als Ackerunkraut im Mittelmeerraum weitverbreitet[32].

„Hyakinthos" ist auch eine Bezeichnung für die blaue Variante des Purpurs. Dieser Farbstoff wurde aus der Purpurschnecke Murex trunculus (Hexaplex trunculus) gewonnen. Der Farbstoff ist zunächst weißlich, dann grün. Durch intensive Sonnenbestrahlung bildet sich ein blauer

---

[31] Theophr. h. plant. VI,8,3
[32] Colum. re. rust. IX,4,4

Farbstoff, nämlich Indigo[33]. Im hebräischen Text des Alten Testamentes wird dieser blaue Purpur „tekhelet"[34] genannt, In der Septuaginta wird tekhelet *mit ὑάκινϑος* übersetzt. Die Lutherübersetzung lautet „Blaupurpur" oder „blauer Purpur"[35]

Man kann somit folgern, daß der im Evangelium des Jacobus aufgeführte Farbstoff *ὑάκινϑος* von blauer Farbe und identisch mit dem im hebräischen Alten Testament „Tekhelet" und in der Septuaginta „Hyakinthos" genannten Farbstoff ist. Die Übersetzung „Hyazinthblau" wäre demnach korrekt, wenn auch etwas irreführend, weil der Leser diesen Namen unwillkürlich auf die heutige Hyazinthe bezieht.

κόκκονος - scharlachrot, *κόκκονον* - scharlachrotes Gewebe oder Kleid, *κόκκος* - Scharlachrot.

---

[33] Einzelheiten bei der Beschreibung von Purpur
[34] Ausführliche Untersuchungen: Baruch Sterman. The Science of Tekhelet. Hompage. Zugriff am 30.3.2014
Irving Ziderman. Purple Dyeing in the Ancient Mediterranaean Wolrd. Caracterisation of biblical tekhelet.
Edinburgh 11.9.2000
[35] 2. Chr. 3,14

Der Farbstoff wird aus den Weibchen der Schildlaus (unechte Cochenille, Kermococcus illicis)) gewonnen. Diese Schildläuse siedeln auf den Scharlacheichen (Querus coccifara), die in Südeuropa und im Orient beheimatet sind. Die Weibchen, die deutlich größer als die Männchen und flügellos sind, haben einen schildförmigen Leib. Die Eier werden unter dem Rückenschild aufbewahrt, und während die Mutter stirbt und ihr Körper austrocknet, dient der Schild dem Schutz der Eier. Da die Läuse wie Kügelchen auf den Blättern der Eichen sitzen, wurden diese für pflanzliche Beeren, „rubens granum – Scharlachbeere"[36] gehalten. Die Läuse wurden mit der Hand von den Blättern abgekratzt und der Farbstoff ausgequetscht[37] Der intensiv rote Farbstoff wurde bevorzugt zum Färben von Wolle benutzt Im Mittelalter wurde der Farbstoff „Kermes" genannt. Diese Bezeichnung trägt er noch heute. Ab 1464 wurde Kermes auf Anordnung von Papst Paul II. für das Färben der Kardinalsgewänder benutzt. Die chemische Verbindung ist Kermessäure $C_{16}H_{10}O_8$, Anthrachinoncarbonsäure.

---

[36] Plin. nat. 9,141
[37] Diosk. mat. med. IV,47

Im 16. Jahrhundert brachten die Spanier einen anderen roten Farbstoff, das Karmin[38], nach Europa, das bald Kermes vom Markt verdrängte, weil es in viel größeren Mengen lieferbar war. Dieser Farbstoff wird noch heute aus Schildläusen (echte Conchenille. Dactylopius coccus), die auf dem Feigenkaktus (Opuntia) siedeln, gewonnen. Er war schon den Kulturen der Maya und Azteken bekannt und gehörte zu den Tributen, die die von den Azteken unterworfenen Völker nebst Kakaobohnen zu entrichten hatten. Mexiko hielt bis zur Unabhängigkeit von Spanien im Jahr 1821 das Chonchenille-Monopol. Danach entstanden Kaktusplantagen z.B. in Guatemala, Peru, auf den Kanaren und in Südspanien, wo die Schildlaus gezüchtet wurde. Die chemische Verbindung, die Karminsäure $C_{16}H_9O_8 \cdot C_6H_{12}O_6$, ist ebenfalls eine Anthrachinoncarbonsäure und unterscheidet sich von der Kermessäure nur dadurch, daß diese Anthrachinoncarbonsäure mit einem Glucosemolekül verbunden ist. Karminsäure ist also ein Glukosid. Die Schildläuse, u z. wie bei der unechten Conchenille die

---

[38] Franziska Schulze, Juliane Titus, Peter Mettke, Stefan Berger, Hans-Ulrich Siehl, Klaus-Peter Zeller, Dieter
Sicker. Chem.Unserer Zeit 4. S. 222-228 (2013)

Weibchen, enthalten bis zu 20 % Karminsäure, die sie als Schutz gegen Ameisen bilden. Zerquetscht man sie, so läuft ein roter Saft wie Blut heraus (Läuseblut). Karmin wird als Farbstoff in Lebensmitteln (Lebensmittelfarbstoff E 120) z.B. Joghurt, Liköre und Süßwaren und in Kosmetikartikeln wie Lippenstifte und Rouge verwendet. Es ist völlig ungiftig und zeigt keine Nebenwirkungen. Mit dem Aufkommen der Teerfarbstoffe brach der Markt für Karmin stark ein., da die Gewinnung durch Abkratzen von den Kakteen mit der Hand sehr kostspielig ist. Heute erlebt der Farbstoff wegen seiner Ungiftigkeit und Verträglichkeit eine Renaissance. Er ist ein Biofarbstoff! Zum Färben von Textilien wird er allerdings nicht mehr verwendet.

Über die Gewinnung und den Färbevorgang wird in der antiken Literatur nichts berichtet. Genaue Kenntnisse haben erst die modernen Versuche vermittelt[39]: Die Läuse werden getrocknet. 3 kg der Tiere ergeben 1 kg getrocknete Läuse. Zur Farbstoffgewinnung werde sie gemahlen und in Wasser eingeweicht. Die Brühe wird 15 Minuten gekocht und durch ein Tuch filtriert. Zum Färben müssen die Textilfasern oder der Stoff zunächst mit einem Beizmittel getränkt werden.

---

[39] Seilnachts Lexikon der Farben. Stichwort: Cochenille

Danach kann der Farbstoff auf der Faser in einem Färberbad aufziehen Welche Beizmittel in der Antike gebraucht wurden, ist aus der antiken Literatur nicht zu ermitteln. In Frage kommen Alaun und Weinstein. Mit Alaun erhält man rotviolette Färbungen, mit Weinstein dunkelrote Färbungen, mit Zinn(II)-chlorid ein Rot von intensiver Leuchtkraft. Aber Zinn(II)-chlorid war in der Antike unbekannt. Es steht deshalb zu vermuten, daß die Scharlachfärbungen in der Antike rotviolett und dunkelrot waren. Der Farbstoff war ebenso wie Purpur sehr begehrt und kostbar, wie Plinius[40] vermerkt.

πορφύρα – Purpur

Purpur, 6,6-Dibromindigo, war der teuerste und kostbartse Farbstoff der Antike. Auf Ägina wurden Schalen von Purpurschnecken gefunden, die man auf etwa 2300 v.Chr. datiert hat. Auf Tonscherben aus der Bronzezeit wurden sogar Farbreste von Purpur gefunden.Das Tragen von Purpurgewändern war dem höchsten Adel vorbehalten. Im römischen Reich durfte nur der Kaiser mit Purpur gefärbte Gewänder tragen. Den römischen Senatoren war ein

---

[40] Plin. nat. 37,204

purpurner Streifen an der Tunika und der Toga erlaubt. Triumphatoren kleideten sich für den Triumphzug in eine Purpurroben. .In Jerusalem trug der Hohe Priester ein mit Purpur gefärbtes Gewand, die Priester trugen Gewänder, die mit blauem und rotem Purpur gefärbten Garnen bestickt waren. Solche Garne wurden auch in Tempelvorhängen verwebt oder als Muster aufgestickt. Der Farbstoff wurde aus den Purpurschnecken (Muricidae) gewonnen.Aus dem Mittelmeer sind 13 Gattungen mit 25 Arten bekannt Alle diese Schnecken sind Aasfresser oder Räuber, die im Flachwasserbereich leben. Ihre Schalen sind mit Höckern oder Spitzen (Varizen) versehen Diese bohren sie in Muscheln, vornehmlich Miesmuscheln, öffnen sie wie mit einem Büchsenöffner und saugen das Fleisch mit ihrem kräftigen Rüssel heraus. Purpurschenecken fressen kleine Fleischstücke und können so auch gezüchtet werden. Im Mittelmeerraum dienten hauptsächlich die zwei häufigsten Arten Murex trunculus (Hexaplex trunculus) – Purpurschnecke und Murex brandaris (Bolinus brandaris) - Herkuleskeule, Stachelschnecke, Brandhorn als Purpurquelle. Daneben war noch die Purpura haemostoma –

Rormundschnecke eine Farbstoffquelle, aber von geringerer Bedeutung. Plinius schreibt:

> Concharum ad purpuras et conchylia . . . duo sunt
> genera: bucinum minor concha   similitudinem
> eius, qua bucini sonus editur – unde et causa
> nomini – rotunditate oris
> in   margine   incisa;   alterum   purpura   vocatur
> canaliculato procurrente rostro et canali-
> culi latere introsus tubulato, qua proseratur lingua,
> praeterea clavatum est ad turbi-
> nem usque aculeis in orbem septenis fere, qui non
> sunt bucino, sed utrisque orbes to-
> tidem, quot habeant annos, bucinum non nisi petris
> adhaeret circaque scopulus legi-
> tur..
> Von den Schnecken für die Purpur- und
> Konchilienfarben . . . gibt es zwei Arten: die
> kleinere heißt Trompetenschnecke und hat ihren
> Namen nach der Ähnlichkeit mit
> dem Instrument, womit man den Trompetenton
> erzeugt, da ihre Mündung rund und
> am Rande eingeschnitten ist; die andere heißt
> Purpurschnecke, hat einen röhrenartig
> vorgestreckten Mund und die Seite der Röhre ist
> inwendig [zu einem Gang] gewölbt, durch welchen
> die Zunge herausgestreckt werden kann. Außerdem
> ist sie bis zu robersten Windung mit Höckern
> versehen, so daß etwa sieben Stacheln auf eine
> Windung kommen, welche die Trompetenschnecke
> nicht hat Beide haben aber so viele Windungen als

Jahre. Die Trompetenschnecke hängt nur an den Felsen fest und wird an den Klippen gesammelt[41].

Die von Plinius als Trompetenschnecke bezeichnete Schnecke war die Purpura haemostoma, die Purpurschecke war die Murex brandaris. Beide erzeugten eine roten, bzw. rotvioletten Farbstoff, während aus der Murex trunculus eine blauer Farbstoff gewonnen wurde. Dieser blaue Purpur wird von Plinius nicht erwähnt Die Trompetenschnecke wurde an Klippen gesammelt, die anderen Purpurschnecken wurden in Reusen oder Körben gefangen, die mit Miesmuscheln oder kleinen Fleischstücken als Köder versehen waren. Der rote Purpur wurde in Tyros gewonnen, der blaue Purpur in Sidon (Saida). Dort bedecken noch heute die Reste von Murex trunculus das Gestade in einer Hähe von mehreren Metern und einer Breite von 25 Metern auf eine Länge von über hundert Metern. Für die Gewinnung von 1 Gramm Purpur benötigte man 12 000 bis 14 000 Schnecken

Der Purpur wird in der Hypobranchialdrüse synthetisiert, die in der Kiefernhöhlenwand zwischen After und Kieme liegt.

---

[41] Plin. nat. 9,130

Aus den größeren Schnecken wurden diese Drüsen
herausgeschält, die kleineren Schnecken wurden zermalmt.
Plinius schreibt:

> Eximitur posteavena quam diximus, cui salem
> necessarium, sextarius ferme centenas in libras;
> macerari triduo iustum, quippe tanto maior vis,
> quanto recentior; fervere in plumo, singulasque
> amphoras centenas aquae, quingentenas
> medicaminis libras aequali ac modico vapore
> torreri et ideo lönginquae fornacis cuniculo. ita
> despumatis subinde carnibus, quas adhaesisse venis
> necesse est, decimo ferme die liquata cortina vellus
> elutriatum mergitur in experimentum et, donec spei
> satis fiar, uritur liquor.rubens color nigrante
> deterior. quinis lana potat horis rursusque mergitur
> carminata, donec omnem ebibat saniem. bucinum
> per se damnatur, quoniam fucum remittit; pelagio
> ad modum alligatur nimiaeque eius nigritiae dat
> austeritatem illam nitoremque qui quaeritur cocci.
> ita permixtis viribus alterum altero excitatur aut
> adstringitur. summa medicaminum in libras . . .
> vellerum bucini ducenae et e pelagio CXI. ita fit
> amethysti colos eximius ille. at Tyrius pelagio
> primum satiatur inmatura viridique cortina, mox
> permutatur in bucino. Laus ei summa in colore
> sanguinis concreti, nigricans aspectu idemque
> suspectu refulgens. Unde et Homero purpureus
> dicitur sanguis...
> In conchyliata veste cetera eadem sine bucino;
> praeterque ius temperatur aqua et pro indiviso
> humani potus excremento.

Man nimmt dann die Ader heraus, von der wir gesprochen haben, fügt das nötige Salz hinzu, etwa einen Sexrarius (0,546 Liter) auf 100 Pfund (32,745 kg); man weicht sie nach der Regel drei Tage ein, denn die Stärke [der Zubereitung] ist um dso größer, je frischer sie ist. Man erhitzt sie dann in einem Gefäß aus Blei, rechnet für 100 Amphoren (2619,6 Liter) Wasser 500 Pfund (163,725 kg) Färbemittel und erhitzt sie mit gleichbleibend mäßigwarmen Dampf und deswegen in der Röhre eines langen Ofens. Wenn auf diese Weise die Fleischteile, die zwangsläufig an den Adern hängengeblieben sind, wiederholt abgeschöpft wurden und sich im Kessel alles nach etwa zehn Tagen geklärt hat, tauch man versuchsweise gereinigte Wolle in die Flüssigkeit und kocht den Saft solange, bis die erhoffte Wirkung erreicht ist. Die rötliche Farbe ist schlechter als die ins Dunkle gehende. Fünf Stunden lang saugt die Wolle auf und wird dann nach dem Krempeln wieder eingetaucht, bis sie allen Saft aufgenommen hat.Auf das bucinum für sich verichtet man, weil es die Farbe nicht hält; mit dem Purpurot wird es ganz fest gebunden und gibt der allzu großen Schwärze des letzteren jenen dunklen Ton und Glanz, den man am Scharlach sucht. So wird durch Mischung der Wirkungen die eine durch andere gesteigert oder abgeschwächt. Man braucht im ganzen für . . . Pfund Wolle 200 Pfund (65,49 kg) bucinum- und 111 Pfund (36,3 kg) Purpurfarbe. So entsteht jene ausgezeichnete Amethystfabe. Für die tyrische Farbe wird aber

zuerst [die Wolle] in Purpurfarbe gesättigt, wenn
diese unreif frisch im Kessel ist, und hierauf durch
das bucinum nuanciert. Das höchste Lob wird ihr
zuteil wenn sie die Farbe geronnenen Blutes hat,
beim Anblick schwärzlich wirkt und ebenso
schimmert, wenn man an ihr hinaufsieht. Daher
wird auch von Homer das Blut purpurfarben
genannt...
Für ein conchylienfarbens Kleid hat man im
übrigen das gleiche Verfaheren, ohne bucinum;
außerdem wird die Flotte mit Wasser und zu
gleichen Teilen mit menschlichem Urin versetzt[42].

Nach dem von Plinius angegebenen Verfahren ist es schwer

möglich, eine Küpe aus Purpurschnecken zu rekonstruieren.

Wird die Masse mit Salz verrieben, wodurch eine

Konservierung erreicht wird, erzielt man immer eine

Rotfärbung. Urin diente in der Antike zur Aufrechterhaltung

eines pH- Wertes im alkalischen Bereich, aber ein längeres

Erwärmen der Drüsenmasse mit Urin würde den Farbstoff

zerstören. Unbedingt muß eine Temperatur von 40-50° C

eingehalten werden. Das ist bei Plinius richtig vermerkt,

denn er spricht von Erhitzen mit „gleichbleibend

mäßigwarmen Dampf".

---

[42] Plin. nat. 9,133-135, 138

Purpur ist lichtecht und wasserunlöslich. Im Sekret der Schnecke ist eine wasserlöslich Form, eine Leukobase enthalten, die an der Luft unter Einfluß der UV-Strahlen im Sonnenlicht zu dem unlöslichen Farbstoff oxidiert wird. Zum Färben werden die Textilien in den Sud getaucht, oft mehrmals, und in die Sonne gehängt, worauf sich die Faser zunächt gelb, dann grün und dann je nach der Art der Muschel rot oder violett oder blau färbt.

Untersuchungen von Murex brandaris und Murex trunculus haben folgendes ergeben[43]:

Murex brandaris. Im Sekret der Muschel ist Indol vorhanden. Um dieses zu neutraliesieren, einverleibt sie sich Brom und Schwefel. Durch Durch Einwirkung des Enzyms Purpurase werden SO_4^{2-} -Ionen freigesetzt. Das bromierte Indol-Molekül, 6-Bromindoxyl, oxidiert im prallen Sonnenlicht zu 6,6 - Dibromindigo, dem roten Purpur, der allerdings einen kleinen Stich ins Violette aufweist. Diesen Purpur bezeichnet Jakobus in seiner Legende in der

---

[43] Roland Melzer, Peter Brandhuber, Timo Zimmermann, Ulrich Smola. Der Purpur. Farben aus dem Meer.
  Biol. Unserer Zeit 31. S. 1-39 (2000)

Aufzählung der Materialen für den Vorhang als „echten Purpur".

Murex trunculus. In dieser Muschel wird in dem Sekret das Indol nur zu 50 % in die bromierte Form überführt. Bei Bestrahlung mit intensiven Sonnenlicht, wird auch von dem Anteil an bromiertem Indol das Brom abgespalten und in Indoxyl überführt, das zu Indigo oxidiert wird. Somit entsteht ein blauer Farbstoff[44]. Diese blaue Variante des Purpurs ist das „Tekhelet" im hebräischen Alten Testament, das in der Scptuaginta mit „Hyakinthos" übersetzt wird. Diese Bezeichnung hat Jakobus in seiner Legende für einen blauen Farbstoff übernommen.

Purpur wurde oft mit anderen Farbstoffen wie Scharlach und Krapp gestreckt oder mit anderen Farbstoffen vermischt so daß grüne hellviolette und orange Farbtöne gewonnen wurden. .

Die in der antiken Literatur beschriebenen Methoden zur Gewinnung von blauem, roten und violettem Farbstoffen sind ungenügend oder fehlen ganz. Ebenso fehlen Angaben, wie die Färber durch Mischen von Farbstoffen verschiedene Färbungen hervorgebracht haben. Die Verfahren waren

---

[44] S. Anmerkung 34

Betriebsgeheimnisse und wurden nicht bekanntgegeben. Genauere Kenntnisse haben erst moderne Versuche erbracht.

Ergebnis

Jacobus zählt zwar dkostbare Materialien auf, die Maria zur Verfügung stehen, aber er macht keine Angaben über das Aussehen des fertigen Vorhanges. Gewinnung der Materialien und ihre Verwendung sind für ihn völlig unwichtig. Wahrscheinlich war er nicht einmal darüber informiert. Er schildert diese Episode, um die herausragende Stellung der Maria zu betonen, denn Maria wird von Gott aus dem Kreis der reinen Jungfrauen auserwählt, diese Arbeit zu verrichten. Sie wird dadurch erhöht und steht über allen Frauen, über allen Menschen. Endgültig emporgehoben wird sie durch die bald erfolgte Empfängnis und Geburt des Gottesohnes. Sie ist nun die Gottesmutter und die Himmelskönigin und wird von den Christen als solche angebetet und verehrt.

Zusammenfassung

Jakobus zählt in Hinblick auf einen neuen Vorhang für den Tempel in Jerusalem eine Reihe von kostbaren Materialien auf: Gold, Amiant,Byssus, Seide, Hyazinth, Scharlach und Purpur Aber es fehlt eine genaue Beschreibung des fertigen Vorhanges. Jacobus will nicht den genauen Ablauf der Herstellung eines Vorhanges beschreiben, Die Schilderung dieser Episode soll nur dazu dienen, die besondere Stellung der Maria hervorzuheben, denn sie wird vor allen Jungfrauen von Gott auserwählt, eine solche Arbeit für das Heiligtum verrichten zu dürfen. Dadurch wird sie erhöht und steht über allen Menschen. Durch die bald darauf erfolgte Empfängnis und Geburt des Gottessohnes wird Maria endgültig emporgehoben. Sie ist nun die Gottesmutter und Himmelskönigin und wird als solche von den Christen verehrt.

Literatur

Protevangelium Jacobi.

Der griechische Text wurde von Rolf Mainz, Bremen, auf Atari Computer transkribiert und von Wieland Willker auf PC übertragen und ins Deutsche übersetzt Der griechische

Text wurde aus Codex C, Paris 1454, und Papyrus Bodmer 5 zusammengestellt.

Protevangelium Jacibi in: Katharina Ceming u. Jürgen Werlitz. Die verbotenen Evangelien.
  Apokryphe Schrifetn. Wiesbaden 2013

Bibel in der Übersetzung von Martin Luther. Altes Testament: 1. Buch der Könige. 2. Buch
  der Chronik. Buch Esra. Buch Haggai

Septuaginta. 2. Buch Paraliomenon (2. Buch der Chronik)

Antike Autoren

Agatharchides von Knidos. De mare Erythraeum – Über das Rote Meer. Übers. u. komm. von
  Dioeter Woelk. Diss. Bamberg 1966

Columella. De re rustica, lt.-dt. 3 Bde. Hrsg. u. übers. von

Will Richter. München 1981

Diodoros Siculos. Bibliotheca – Bibliothek, gr.- engl. 34 Bücher. Hrsg. von C.H. Oldfather.
  London 1933-1967

Dioskurides. De materia medica, gr. Hrsg. von M. Wellmann. Berlin 1906-1914
-Arzneimittellehre. Übers. von J. Berendes. Stuttgart 1902.

Nachdruck Darmstadt 1970

Flavius Josephus. De bello Judaico – Der jüdische Krieg, gr.-dt.4 Bde. Hersg. u. übers. von
  Otto Michel u. Otto Bauernfeind. Darmstadt 1963-1982

Pausanias. Descripto Graeciae,gr. Ed. M.H. Rocha-Pereia. Leipzig 1973
-Beschreibung Griechenlands. Übers. von Ernst Meyer.
Zürich 1954

C. Plinius Secundus d. Ältere. Naturalis historia – Naturkunde in 37 Bücher, lt.-dt. Hrsg. von
  Roderich König u. Gerhard Winkler. Darmstadt 1975-
1997

Prokopios. Gotenkriege (Caesariensis), gr.- dt. Hrsg. u. übers. von Otto u. Albert Veh
  München 1966

Strabon. Geographica, gr.-engl. 8 Bde. Übers von Horacc L. Jones. London 1917-1923
-Erddbeschreibung. 5 Bde. Übers. von A. Forbiger. Berlin
1855-1911

Theophrast. Naturgeschichte der Gewächse. 2 Bde. Übers. u. erl.von Hurt Sprengel.
  Darmsradt 1971
-Recherches du les plantes, gr.-franz. 5 Bde. Hrsg. u. übers. von Sutanne Amigues.
  Paris 1988-2006

Sekundärliteratur

J.T. Baker. Tyrischer Purpur, ein antiker Farbstoff, ein modernes Problem.
  Endeavour 1974,33,11-17

Hugo Blümner. Technologie und Terminologie der Gewrbe und Künste bei Grichen und

Römern. 4 Bde. Leipzig 1879-1912. Nachdruck Hildesheim 1969

Roland Melzer, Peter Brandhiber, Timo Zimmermann, Ulrich Smola. Der Purpur. Farben aus
  dem Meer. Biologie in unsere Zeit 31. S. 1-39 (2000)

Seilbachs Lexikon der Farben. Bern

Franziska Schulze, Juliane Titus, Peter Mettke, Stefan Berger, Hans-Ulrich Siehl, Klaus –
  Peter Zeller, Dieter Sicker. Chemie in unserer Zeit 4. S. 222-228 (2013)

Baruch Sterman. The Science of Tekhelet. Homepage. Zugriff am 30.3.2014

Irving Ziderman. Lecture delivered before the International Conference on Colours in
  Antiquity, held at the Department of Classics. University of Edinburgh, U.K. !!.9.2000

Herstellung und Verlag:
BoD - Books on Demand, Norderstedt
ISBN 978-3-7412-8248-5